AF280499

Über das Buch

Das vorliegende Buch ist eine Gedichtsamm-
lung für uns alle, die wir das Leid des „Sich –
Trennens" schon erlebt haben; uns daher in
den Zeilen wiederfinden oder aber den
Schmerz gerade jetzt erleiden müssen und in
der Lektüre womöglich selbst Linderung er-
fahren dürfen.
Denn ist es nicht schön, zu wissen, dass wir in
unseren Leiden nicht allein, sondern alle zur
Liebe befähigte Menschen sind?

Über die Autorin

Vor den Trümmern ihrer dritten Ehe, von
Zukunftsängsten geplagt, erfährt die 1948 in
Leipzig geborene, 1955 mit ihren Eltern in den
Westen geflohene Autorin die heilende Kraft
der Poesie.
Im realen Beruf als Heilpraktikerin tätig,
Mutter eines erwachsenen Sohnes und
vermeintlich mit beiden Beinen fest auf dem
Boden stehend, findet die Autorin Linderung
ihres Kummers allein im Niederschreiben ihrer
schmerzenden Gedanken und Gefühle.

Sabine Spang

Vermischte Gefühle

Gedanken und Gedichte
zu Trennung und Abschied

Herstellung und Verlag :
Books on Demand GmbH, Norderstedt

ISBN-13: 978-3-837-07539-7

Für Oliver, Bilke und Bubi

Inhalt

Abschied

Liebe Freunde begleiten mich
durch die dunkelsten Stunden.
Bin sehr dankbar dafür,
komme so über die Runden.

***

Wo ist ein gutes Rezept für das Leben?
Kann mir einer die Antwort geben?

***

Mein Herz brach entzwei;
mir ist's nicht einerlei.
Hat jemand Kitt dabei,
um es zu kitten
in der Mitten?

***

Einmal Mäuschen spielen
ganz heimlich und still.
Auf dein neues Leben schielen,
wie gern ich das will!

***

Jahre habe ich auf meiner spirituellen Reise
verbracht,
doch am Ende alles falsch gemacht.

***

Liebeskummer lohnt sich nicht,
sagt eine alte Weise.
Doch muss sich alles lohnen
auf unserer Erdenreise?

***

Mann und Frau passen zusammen wie der
Schlüssel ins Schlüsselloch.
Man fragt sich, warum die Schlösser so oft
ausgetauscht oder die Schlüssel verlegt
werden.

***

Jedes Ende birgt in sich einen Neubeginn!

***

Alles schon erlebt, gedacht und gemacht,
du hast meine Wut auf's Neue entfacht.

***

Wieder ein Sonntag
öde und fade.
Viel Zeit, sich auszuruh'n;
ich find's eher schade.

***

Sind Hunde bessere Sozialpartner?

***

Geben und Nehmen
ist der Schlüssel für's Leben;
warum muss ich immer nur geben?

***

Wieder gehe ich durch die Hölle,
diesmal nicht auf die Schnelle.
Oft schon wollt' ich mich verpissen -
jetzt hast du mich rausgeschmissen.

***

Manchmal wünsche ich mir einen winzigen
Blick in die Zukunft!

***

Jetzt beklagst du dich;
mein Klagen hörtest du nicht.
Es ist zu spät für dich und mich.
Ich suche am Ende des Tunnels das Licht!

***

Kümmern kommt von Kummer!

***

Wie man sich bettet, so liegt man.
Ist eine Beziehung zerbrochen, hatten sich
beide schlecht gebettet und lagen falsch.
Oder aber sie lagen in den falschen Betten.

***

Mit dem Hund durch die Strassen geh'n
macht wenig Spaß.
Grüne Hügel, Täler und Wälder seh'n,
das wäre was !

***

Erst wenn die Tränen getrocknet,
die Nächte nicht mehr endlos erscheinen,
die Tage wieder Sinn haben,
sieht der Mensch
des Lebens „Göttliche Gaben".

***

Artgerecht leben, sagtest du
kann man nur auf dem Land.
Mich brachte es manchmal fast um den
Verstand.

***

Meine Tiere fehlen mir sehr;
ich wünsche sie mir her.
Wie diesen Schmerz besiegen,
ohne einen Vogel zu kriegen?

***

Patchwork erforderte unsre ganze Kraft.
Am Ende waren alle verkracht.

***

Will dich wieder, du mich nicht.
Erkenne, was ich hatte;
warst doch mein Gatte!

***

Küsse und Wünsche von Herz zu Herz.
Zuerst gingen die Küsse verloren,
dann die Wünsche
und letztendlich die Herzlichkeit.

***

Gibt es ein Zurück ohne Rückfahrkarte?

***

Herz an Herz, Schmerz auf Schmerz!

***

Sorgen über Sorgen
beschweren mein Herz;
denke an morgen
mit großem Schmerz.
Muss euch die Freiheit nehmen – tu's nicht
gern,
doch Bauernhof und Großstadt ist wie ein
andrer Stern!

***

Möchte euch beschützen
mit meiner ganzen Kraft.
Hoffe, es wird nützen,
hab's noch nicht gerafft.

Suche nach Möglichkeiten,
euch ein schönes Leben zu bereiten.
Weiß noch nicht wie,
doch hoffe ich stark,
der Umzug wird für euch nicht zu arg.

***

„Göttliche Führung" erbat ich oft;
habe lange gehofft.
Alles missverstanden,
falsch interpretiert,
nichts kapiert?

***

Ich bin mir nicht sicher ob ich aus meinen
Fehlern je lerne!

***

Wie schaffst du alles so allein?
Ach könnte ich doch bei dir sein!
Hab hoch gepokert, ach wie dumm!
Jetzt haut das Resultat mich um .

***

Ich lieb dich noch, du mich nicht mehr;
ich schicke dir gute Gedanken -
danach bin ich leer.

***

Du hast gesagt,
du fühlst dich befreit.
Bist du für die Freiheit bereit?

***

Kannst du ruhig schlafen?
Ach ja, du liegst ja im sicheren Nest.
Wollte dich nicht bestrafen;
halte den Hund ganz fest.
Knutsch ihn von mir, sei so lieb,
denn das ist alles was mir blieb.

***

Deinen Seelenfrieden findest du nur auf dem
Fundament der Wahrheit!

***

Der Mond nimmt ab,
hoffe, er nimmt meine Sorgen mit.
Sie halten mich ganz schön auf Trab,
begleiten mich auf Schritt und Tritt.
Lieber Mond, ich bitte dich:
Vergiss mich nicht.

***

Hättest du einmal mit mir gesprochen,
ich hätte nicht mit dir gebrochen!

***

Man darf nicht vergessen,
was man hat besessen.
Doch wenn er nichts mehr taugt
und man ist völlig ausgelaugt,
kann man sich einen Neuen suchen.
Oder vielleicht sich einen buchen.

***

Meine Kinder, deine Kinder - sooooo
kompliziert!

***

Grüß auch die Pferde von mir,
die Katzen, Hühner und Has.
Du wirst es nicht glauben,
es macht mir was,
an euch zu denken,
ohne Liebe zu verschenken.

***

Hab meinen Seelenzustand gedichtet,
hatte mein Leben gut eingerichtet.
Nun läuft es krumm,
dumm.

***

Unsere Seelen fanden sich mühelos,
aber dann gingen die Mühen los.
Nun trennten sich unsere Wege.
Getrennt gehen wir von nun an;
Scheiß-Lebensplan!

***

Frauen die alleine leben
gelten als Exoten eben!

Noch immer ist was dran;
man spürt es dann und wann.

***

Aus jeder Krise geht man gestärkt hervor, sagt
man ;
bei uns wurden die Kräche stärker!

***

Kann nicht schlafen, muss schreiben,
denke, wo werde ich bleiben?
Hoffe, es tut sich ein Türchen auf,
bevor ich mich besauf.

***

Verstehe einer die Männer,
sie passen nicht zu uns Frau'n.
Sie denken, sie sind Kenner,
wollen auf die Pauke hau'n.
Dabei wünschen wir uns doch nur Liebe
und bekommen meistens Seelen – Hiebe!

***

Nun koche ich für mich allein;
du machst es ebenso.
Mehr Spaß machte es zu zwei'n,
machte irgendwie froh.

***

Tatenlos sitze ich rum,
du machst dich krumm.
Das war nicht mein Ziel.
Ich wollte nicht viel,
brauchte nur einen Liebesbeweis,
lief alles anders,
so ein Sch.... !

***

Wenn ich des nachts erwache,
weiß ich nicht, wo und wer ich bin.
Wenn ich nicht bald wieder lache,
bin ich hin!

***

Von langer Hand geplant,
vom Universum vorbestimmt,
mussten wir zusammenkommen,
hatten uns viel vorgenommen.
Irgendwann ist die Seifenblase geplatzt
und da haben wir gepatzt!

***

War alles Illusion?
Wer weiß das schon!

***

Anfangs liebten und herzten wir sehr;
bis auf kleinere Pausen.
Später ging gar nichts mehr –
jetzt lass ich dich sausen!

***

Jeder hat die freie Wahl – Freude oder Qual.

***

Erstmals „Wetten dass" alleine sehn
find ich nicht schön.
Weiß aber, du siehst es auch,
denn es ist Samstag-Abend-Brauch.

***

Grüne Wiesen, Wälder und Wind -
menschengerechtes Leben.
Ach, wäre ich dort geschwind,
tät vieles dafür geben!

***

Wenn du denkst du leidest, ist das vielleicht
Illusion.
Möglicherweise bist du woanders gerade
glücklich!?

***

Endlich bin ich ihn los,
warum weine ich bloß?

***

Mein Liebstes habe ich mir genommen;
es ist mir nicht bekommen.

***

Die Großstadt macht mich auch nicht
glücklich;
hatte mich an die Ruhe gewöhnt.
Wäre ich nicht so stur gewesen,
hätten wir uns versöhnt.

***

Manchmal empfinde ich große Wut,
doch das tut mir gar nicht gut.
Dann falle ich ins andere Extrem
und das ist auch nicht angenehm.

***

Ich stehe hier und verkünde meine Lehren;
sie hören sich glaubwürdig an.
Meine Erfahrungen will ich mehren,
dass ich danach leben kann.

***

Wie kann ich dich zurückgewinnen ?
Ich würd auch nicht mehr spinnen.

***

Mein lieber Mann,
du möchtest die Scheidung.
Ich denke, das ist nur Vermeidung!
Wovor hast du Angst,
was ist's, um was du bangst?

***

So viele gebrochene Herzen
tummeln sich auf unserer Erde.
„Herr", was denkst du,
wenn Du Dir betrachtest Deine Herde?

***

Ist die Liebe hingefallen, braucht sie
Heilbalsam und vor allem gute Behandlung!

***

Bin wieder in der Stadt zurück;
das Landleben brachte mir kein Glück.
Komme mir vor als wär' ich ver - rückt !
Nie hätt' ich geglaubt, hier wieder zu sein.
Lebe jetzt wie zum Schein.

***

Werde mich wieder gewöhnen,
mit dem Schicksal versöhnen.
Dies fällt mir schwer
und ich wünsche mir sehr,
das Leben wird mich einst wieder verwöhnen.

***

Bin gespalten in meiner Seele,
komme nicht zur Ruh',
bin eben eine dumme Kuh!

***

Die Gefühle schwanken hin und her,
wer ich bin weiß ich nicht mehr.

***

Wie fühlst du dich jetzt,
bist du sehr verletzt,
stehst du unter Schock,
oder schielst du schon nach dem
                    nächsten Rock?

***

Mein Glückstern leuchtet jede Nacht;
er hat mich schon oft gut bewacht.
Ich bitte ihn um Gnade,
dass ich mir nicht weiter schade.

***

Keine Heimat kann ich seh'n ,
mein Innerstes ist geschunden.
Was ist mit mir gescheh'n?
Hatte doch ein Zuhause gefunden.

***

Denkst du manchmal an mich
wohlwollend, traurig und nett?
Oder suchst du dir schon was Neues
fürs Bett?

***

Hast du die Vögel noch?
Behalte sie doch.
Zwar machen sie viel Dreck,
aber sie dürfen nicht weg!
Man müsste sich ein Beispiel nehmen
und sich wieder versöhnen.
Sie streiten und sie lieben sich;
bleiben unzertrennlich
            ewiglich.

***

Die Möbel untergestellt,
mein ganzes Hab und Gut in Kartons
                verpackt
auf der Suche nach einer Bleibe;
zum Glück noch nicht versackt,
obwohl ich mich total aufreibe.

***

Im Fernsehen machen sie Lebensberatung
auf alle möglichen Arten;
mir kann nichts wirklich helfen,
nicht einmal die Karten!

***

Hab Hund und Katz und Pferd verlassen,
hab sie bei dir gelassen.
Weiß alle gut versorgt,
hab mir die Freiheit geborgt.

***

Mein Wunsch wär ein kleines Häuschen;
Hab schon eins geseh'n ,
aber es ist bewohnt.
Jeden Tag muss ich zu ihm geh'n.
Weiß nicht so recht,
ob sich die Hoffnung lohnt.

Ein Gärtchen ist auch dabei
verwildert und schön
Für meine Katzen, die zwei;
mal seh'n.
Nicht nur im Garten spazieren,
auch praktizieren!
Nur so könnt' ich weiterleben
und Kraft weitergeben.

***

Könnte man das Rad der Zeit zurückdrehen,
würde man vielleicht nicht noch einmal in
einem einigen Augenblick alles zerstören.

***

Am Anfang war die Seelen-Liebe;
Man sagt (glaubt), dass sie ewig bliebe.
Was haben wir daraus gemacht?
Haben wir nicht nachgedacht?
Nichts besprochen,
alles zerbrochen!

***

Die Hündin sehe ich nicht mehr;
das Herz macht es mir schwer.
Hoffe stark, es geht ihr gut.
Hab auf mich etwas Wut,
weil ich sie hab verlassen.
Unfreiwillig zwar,
aber es ist wahr.

Bin oft bei ihr in Gedanken
und komme schnell ins Wanken,
ob das alles richtig war.
Hoffe, sie lebt noch viele Jahr!

Wäre es anders gekommen,
hätt' ich sie gern mitgenommen!

***

Es drehte sich alles ums Geld,
als wär's das Wichtigste auf der Welt!

***

Wie Bruder und Schwester lebten wir zuletzt;
mich hat es auch verletzt!

***

Ich werde nichts erben,
aber daran auch nicht sterben.

***

Dein Ruf eilte dir lange voraus.
Zu deiner Ex sagtest du: „Raus"!
Bevor du mit mir dasselbe tust
schütz' ich mich vor dem Frust!

***

Mein Engel beschütze mich,
es geht mir nicht gut.
Ich bitte dich:
Sei auf der Hut!

***

Warum erscheint alles so wertvoll, wenn es
verloren ging?

***

Warum hast du um alles in der Welt
die Möbel so schnell umgestellt?

***

Geld macht manchmal augenblicklich
glücklich!

***

Alles gut geplant und durchdacht,
hatten alles richtiggemacht.

Wo sind die Träume geblieben,
woran haben wir uns aufgerieben?
War's der Alltag, oder sahen wir uns zu oft?
Worauf haben wir gehofft?

11 Jahre, gefühlte 22,
wurden die Gefühle ranzig?

Ich will's noch nicht glauben;
wir ließen uns die Zukunft rauben.
Wir hatten uns doch einmal lieb –
wer war der Dieb?

***

Wo ist die Gemütlichkeit,
unser schnuckeliges Nest?
Wie kam es nur so weit?
Ich halt mich an der Erinnerung fest.

***

Auch die Nachbarn gaben viel Unterstützung,
wollten, dass ich bleibe;
doch Liebe unterliegt auch der Abnützung.

***

Du besitzt materielle Werte
und schätzt sie hoch ein.
Bist du auf der richtigen Fährte?
Ich glaube: Nein!

***

Kürzlich kam ich zurück;
mein Baum war gefällt.
Ich empfand kein Glück,
keine Einheit mit der Welt.

Sicher, er war alt ,
aber mein Herz wurde kalt.
Auch musste man ihn schon stützen,
man konnte ihn nicht mehr schützen.

Hab ihn so oft um Rat gefragt,
hab Rituale unter ihm gewagt.

Vielleicht wollte er nicht mehr leben;
ich hätte ihm gern meinen Segen gegeben.

Auch Gnome und Elfen wohnten in ihm;
die mussten jetzt leider umzieh'n!

***

Kann immer noch nicht schlafen,
obwohl ich müde bin.
Wie war das mit den Schafen?
Mir steht der Sinn
nach ruhigem, gesunden Schlaf.
Bin selbst ein Schaf.

***

Muss jede Woche einmal hin;
tu's nicht besonders gerne.
Trauer kommt mir in den Sinn -
bleib lieber in der Ferne.

***

Die Pflicht verlangt's von mir,
morgen muss ich hin zu dir –
dir ist es auch nicht recht
und mir ist jetzt schon schlecht!

Du denkst, sie kommt schon wieder her;
wann kommt sie endlich nicht mehr?
Es wird dir nichts nutzen,
ich komme zum Putzen.

***

An Weihnachten ist alles vorbei.
Möbel und Sachen abgeholt.
Jeder feiert für sich.
Was glaubst du, unsere Kinder, die drei
freuen sich?

***

Das Leben spielt merkwürdige Spiele,
oft begreif' ich's nicht.
Wenn ich auf mein Leben schiele,
bin ich ein ganz kleiner Wicht.

***

Bin ich so schnell zu ersetzen?
Fehl ich denn nicht?
Du konntest mich zwar verletzen,
aber ich bin eben ich!

***

Heute tat's nicht ganz so weh.
Hab's erst nicht geglaubt.
Hab mir ein Lachen erlaubt!

***

Manche sind im Alter total verbittert,
vom Leben enttäuscht und belogen.
Haben sie denn nicht gewittert,
dass sie ihr Unheil selbst angezogen?

***

Bis der Tod uns scheidet
hatten wir uns geschworen.
Haben uns verloren.

***

Meine Gedanken kreiseln und wirbeln;
mein Kopf ist ganz wirr.
Wenn nicht bald was Schönes geschieht
werde ich irr!

***

Aller guten Dinge sind drei.
Es waren starke Gefühle dabei.
Aber auch dritte Wahl, viel Qual!
Nichts gesagt, nichts gefragt,
dann verzagt.

***

Am Freitag, dem 13.ten im August
ließ ich raus den Frust.
Ein Gewitter entlud sich
ohne Rücksicht auf dich und mich.
Sag, war es ohne Vorwarnung?
Mir fehlte manche Umarmung!

***

Wo sind die beziehungstauglichen Männer???

***

Die Zeit heilt alle Wunden, sagt man;
sind wir auch noch so geschunden, oh Mann!

***

Was ist nur los mit mir,
was tat ich mit dir?
Ist mein inneres Kind noch immer verletzt?
Ist alles mit allem vernetzt?
Ich muss die Heilung schaffen,
mich endlich dazu aufraffen.

***

Liebe tut weh, verletzt und bringt mich zum
weinen,
doch sehne ich mich nur nach dem Einen!

***

Der Mond ist voll,
meine Tränen fließen;
die Zeit mit dir war toll,
muss dies Kapitel schließen!

***

Im Traum gehörtest du noch zu mir,
dann bin ich leider aufgewacht;
der Morgen hat Tränen gebracht.

***

Auch hier ist ein braver Hund;
ich laufe mir die Füße wund.
Er nimmt mir meinen Schmerz
und stiehlt sich in mein Herz!

***

Ach, könnt ich's ungeschehen machen
und wieder mit dir lachen.

***

Was erwartet mich morgen?
Meine Gedanken sind schon dort;
muss meine Patienten versorgen,
dann schnell wieder fort.

***

Auch den Job hast du mir gekündigt;
melde mich arbeitslos.
Du hast dich versündigt.
Was denkst du dir bloß?

***

Abend für Abend denke ich nach,
liege die halbe Nacht auch wach.
Komme zu keinem Ende.
Warte auf die glückliche Wende.

***

Mir fehlen meine persönlichen Dinge;
wann endlich kann ich sie holen?
Meine Ketten, Spangen und Ringe
auch Schuhe mit festen Sohlen.

***

Das Wasser, nicht aus der Quelle
schmeckt auch ganz gut - auf alle Fälle.

***

Nicht Lesen, Stricken macht Spaß,
nur Denken, Schreiben gibt mir was.
Es kommen auch andere Zeiten wieder.

Ich weiß es aus der Erfahrung,
doch das ist auch keine Offenbarung.

***

Eigene Quelle, eigener Herd
alles nichts mehr wert.
Wenn man sich umstellen muss,
die elementarsten Dinge machen Verdruss.

***

Bin ausgezogen;
meine Seele ist verbogen!

***

Endlich hast du das Haus für dich
ohne mich.
Gefällt es dir so?
Bist du nun froh?

***

Ein Tag wie heute, sonnig und warm
wo zufriedene Menschen Arm in Arm
spazieren geh'n
macht mich traurig,
denn meine Lage ist schaurig.

***

Ich warte auf mein neues Leben,
hab mein altes hergegeben.
Das alte war zwar nicht so schlecht,
doch war's uns beiden nicht mehr recht.

***

Himmel, Arsch und Zwirn -
was hab ich angestellt?
Zermartere mein Hirn.
Hab ich zu laut gebellt?
Doch beißen Hunde, die bellen?
Schwer vorzustellen.

***

Mein Zahn tut weh und nicht nur er;
ich versinke im Tränenmeer.

***

Wenn das Schmerzmittel wirkt kann ich mich
entspannen;
nicht immer ist Arznei zu verdammen!

***

Von 150 Metern im Quadrat
auf knappe 35.
Weiß mir keinen Rat,
suche mehr, ganz fleißig.

***

Hast du heute schon geweint?
Ich hab's verneint.
Am Abend konnt ich's bejahen,
nachdem wir uns sahen.

***

Heute klappt's nicht mit dem Dichten,
mein Kopf ist leer;
muss andere Dinge verrichten,
hab keine Worte mehr.

***

Lange vor deiner Zeit erstand ich einen Tisch,
nicht wissend, er gehörte einst dir.
Er wollte zu mir.

Als ich dich dann traf sagtest du zu mir:
„Hier bin ich richtig,
er ist ja schon hier.
Ich habe ihn aufgerichtet,
nun gehört er dir".

War`s Zufall, Fügung, höhere Gewalt?
Leider werden wir nicht zusammen alt.

Den Tisch nehm ich jetzt wieder mit,
wenn er auch wackelt.
Das Ende ist in Sicht,
wir haben nicht lange gefackelt.!

***

Was tät ich ohne meine Kinder?
Ich wüßt nicht ein noch aus.
Sie nahmen mich mit in ihr Haus.
Sonst tät ich auf der Strasse sitzen
und müsste Blut und Wasser schwitzen.

***

Ich hoffe, du bleibst gesund
und dein Leben läuft rund.

***

Auch deine Kinder unterstützen dich gut,
geben dir neuen Mut.
Helfen, wo sie können.
Was würdest du ohne sie tun?
Du könntest nie ausruh'n.

***

Wann werde ich wieder arbeiten in
          meinem geliebten Job ?
Inzwischen muss ich so tun als ob.

***

Ich schlage die Tage tot
und sehe rot!

***

Meinen Neigungen werde ich nicht gerecht,
deshalb geht es mir schlecht.
Kann mich kaum konzentrieren,
nur in Emotionen verlieren.

***

Die Heilkraft der Natur findest du pur!

***

Bist du nicht ganz bei dir
schwindet die Energie.
Suche dich selbst,
sonst kommt sie nie!

***

Gestern am Stammtisch
War's ganz nett.
War weder Fleisch noch Fisch,
ging wenigstens müde ins Bett.

***

Die Schildkröte, schläft sie schon?
Tät' auch gern Winterschlaf machen
und erst im Frühling wieder erwachen!

***

Die Planeten sind schuld, sagen alle;
ich ging absichtlich in die Falle!

***

Der Kugelschreiber ist leer,
hab keine Worte mehr.
Kauf mir dann doch neue Mienen,
denn ein Geist ist mir erschienen.
Hat mir empfohlen,
neue zu holen.

***

Bist du wieder ein ganzer Mann?
Mensch, das glaubst du vielleicht.
Die „Bessere Hälfte" fehlt dann und wann;
sie zu finden ist nicht ganz leicht.

***

Heilung bedeutet heil werden!

***

Man setzt einen Reiz,
die Genesung kommt in Gang.
Was soll der Geiz?
Profitieren kann man lang!

***

Bin nur ein halber Mensch,
meine männliche Seite fehlt.
Hab mich sehr gequält,
um sie zu finden.
Will mich nicht mehr schinden.

***

Wann höre ich auf,
an Vergangenes zu denken?
Ich bitte die „Höhere Gewalt",
mich gut zu lenken.

***

Man sagt, man brauche nicht viel,
doch ich habe das Gefühl,
ohne meine Möbel und den Schnick – Schnack
bin ich nicht ganz auf Zack.
Bald richt' ich mich ein,
um komplett zu sein.

***

Ärgert's dich, was die Leute sagen?
Du lebst allein jetzt im schwarzen Wald.
Mich lässt das kalt.
Wenn sie dich fragen, weshalb,
sag: „Manches ändert sich halt"!

***

Du kriegst keine Luft wenn ich bei dir bin;
es steht dir nach Trennung der Sinn!

***

Keine Zukunft kann ich seh'n ,
mein Innerstes ist geschunden.
Was ist denn nur gescheh'n?
Hatte doch ein Zuhause gefunden;
jetzt lecke ich meine Wunden.

***

Ich danke dir auch für schönere Zeiten,
nicht alles war schlecht.
Konnt mich gut vorbereiten
für den Weg danach, der mir bestimmt,
wenn's mir auch den Atem nimmt!

***

Wir waren im Traum ein Paar heut' Nacht,
hat meine Seele mir weisgemacht.
Im realen Leben ließ ich mich stören,
auf meine Seele zu hören.

***

Von Herz zu Herz, das fiel uns nicht leicht,
hatten ansonsten viel erreicht.

***

Auch dein Rücken schmerzt ziemlich;
du gehst ganz krumm.
Das ist für den Alltag nicht dienlich!

***

Schlechtes Wetter, grau in grau –
am Tag des Herrn.
Ich weiß genau,
du hast es gern.

Bin eher ein Sonnenkind,
geh trotzdem raus mit dem Hund geschwind.

***

Die Feiertage sind in Sicht,
ich feier dann nicht!

***

Wenn die Kirchenglocken läuten,
sollte man meinen
herrscht Eintracht zwischen den Leuten.

***

Einmal über meinen Schatten springen,
ach könnt' ich's doch bloß.
Ich würd tanzen und singen,
ließe alle Bedenken los!

Loslassen, wird allerorts gepredigt;
als wenn's so einfach wär.
Hab`s noch nicht erledigt,
taumle hin und her.

***

Mein Kopf sagt „Nein“ ,
denn ich bin ja so vernünftig.
Ich wurde so erzogen.
Doch hör` ich auf die Seele künftig,
denn mein Kopf denkt oft verlogen!

***

Es naht der Herbst,
die Blätter haben sich verfärbt,
meine Stimmung ist gedrückt.
Hab' ich die Melancholie geerbt?
Oder bin ich einfach nur ver–rückt?

***

Männer sind Macher, denken sie,
Soll'n sie's ruhig glauben.
In Wahrheit lenken wir sie;
lassen uns unsre Stärke nicht rauben.

***

Noch nie im Leben hab ich gedichtet,
kam auch ohne gut klar;
hab andere Dinge verrichtet,
doch es ist wahr:
Die Stimmung zu Papier zu bringen
                    tut gut;
um sich ins Gleichgewicht zu schwingen
und zu schöpfen neuen Mut!

***

Mein Leben sieht nun anders aus,
ich lebe in einem Stadthaus
Zwar sind auch Bäume rundherum da
und Menschen mit ihren Nöten - na ja!
Lieber wäre mir eine hohe Hecke
zu dem Zwecke,
dass ich mich ein Weilchen verstecke!

***

11 Uhr, du mistest den Stall.
Viel Arbeit auf dem Hof.
Tiere wuseln überall;
ich bin fort, wie doof!

***

Bin hin- und hergerissen
Das Gespaltensein macht mich krank.
Hab` s versch.......!

Es gibt noch andere Möglichkeiten,
Gott sei Dank!

***

Du hast alles gut im Schuss,
der Zorn ist verraucht.
Ich komme zu dem Schluss,
du hast mich nie gebraucht!

***

Es geht mir etwas besser,
es wird schon mit der Zeit;
ich nehm mir doch kein Messer,
bin langsam zum Leben bereit.

***

Heute ist es zu kalt,
um zu gehen in den Wald.
Verkriech' mich im Zimmer
und sinniere wie immer

***

Die Befindlichkeiten aufzuschreiben
ist sehr intim und privat.
Ich konnt es nicht vermeiden
und mache den Spagat!

***

Ich suche ein Kleeblatt mit vier Blättern;
suche schon lang,
mir ist so bang;
denke, wenn ich eins finde
bringt es mir Glück
und den Frohsinn zurück!

***

Einsam ist man nur, wenn man mit sich selbst
nichts anfangen kann.
Aber wie soll man mit sich was anfangen,
wenn sich das „Selbst" so gut versteckt hat?

***

Hab ein paar Deko - Engel mitgenommen,
um nicht ganz allein zu sein.
Mir ist in den Sinn gekommen,
sie könnten lindern meine Pein.

***

Nicht meine Art, an Vergangenem zu hängen,
mich in neue Abhängigkeiten zu zwängen!
Eine Lebens - Änderung erfordert Abstriche
                              viele
        und eröffnet neue Ziele.

                    ***

Abend für Abend läuft der Kasten.
Ist mir egal was ich schau,
um mich zu entlasten.
Fühl mich als einsame Frau!

                    ***

Natürlich bin ich nicht wirklich einsam,
habe Kinder, Freunde, die gemeinsam
mit mir die Zeit verbringen,
mich trösten und ablenken,
für mich sich verrenken.

                    ***

Ich bau mir jetzt ein neues Nest,
doch mir ist ganz schön bang.
Nun wünsch ich mir ganz fest,
ich kann's genießen lang!

***

Meine Mutter macht sich Sorgen,
obwohl ich schon so lang erwachsen bin.
Sie wird seh'n, schon morgen
 komm ich zu ihr hin.
Hab meinen Kummer hinter mir gelassen,
die Sonne scheint ganz neu.
Ich kann schon jetzt erahnen,
wie ich mich mit ihr freu!

***

Was taten die Menschen früher
ohne 30 Sender und mehr?
Als ob's da langweilig gewesen wär!
Sie beschäftigten sich mit 1000 Dingen,
die uns heute nichts mehr bringen.
Es wurden viele Gespräche geführt,
gemeinsam die Suppe gerührt.
Heute ist man einfallsarm und faul;
Schaut gerne Talkmastern aufs Maul.

***

Bin dir auch für vieles dankbar;
wenn ich rief warst du da.
Bautest Betten und mehr für mich,
wer weiß, was dann geschah!?

***

Du sagst, du bist im Leben angekommen;
mich hast du nicht mitgenommen!

***

Mit dem Schwanz wedelst du schon,
wenn ich komme zu dir.
Es liegt an der Situation -
ich wohne nicht mehr hier.

Bist auf mich sauer,
aber es liegt an der Mauer,
die dein Herrchen und ich aufgebaut
und dir dadurch manch Freude geklaut.

Jeden morgen sahst du mich erwartungsvoll
an:
„Zieh Schuhe an" und dann:
Einkaufen geh'n, wie schön.

Als Beifahrer warst du sehr angenehm.
Bitte, hab Verständnis dafür,
lieber wäre ich öfter bei dir!

***

Lang habe ich mich mit der Ehe befasst;
schon mehrmals versucht,
nie ganz gefasst,
doch nie verflucht.

Lässt der Alltag die Liebe schwinden
und vor lauter Pflichten lässt sie sich nicht
                                    mehr finden?
Geht sie plötzlich oder allmählich?
Und auf Nimmerwiedersehen ?
Wie kann das geschehen?

Meistens merkt man's nicht sofort,
man ackert in einem Fort,
ohne nachzudenken,
um alles in richtige Bahnen zu lenken.
Lautlos hat sie sich davongemacht;
nie hätte ich das gedacht!

***

Hatte geträumt von einem kleinen Haus
nur für uns zwei,
auch ein paar Tiere dabei.
Du hattest dafür keinen Sinn,
jetzt ist alles hin!

***

Im Planen bist du wirklich gut,
planst alles ganz genau,
doch deinen großen Lebensplan
machtest du ohne deine Frau!

***

Man zofft, liebt, Jahr für Jahr,
auf einmal ist nichts mehr wahr.
Nicht, dass ich's bereue,
nur aufs Neue
hätt ich die Kraft nicht mehr,
käm ein Verehrer daher.

***

Es dauert viele Jahre lang
bis man sich zusammenrauft,
seine Seele fast verkauft.

Viel Arbeit steckt man rein,
möchte im Alter zusammen sein.

Es hat nicht sollen sein!

***

Es hat sich langsam so ergeben –
unmöglich, zufrieden zu leben.
Kein Versuch, getrennte Betten,
kein Bemühen, die Liebe zu retten.

***

In den rauhen Gefilden konnte ich nicht
                           gedeihen.
Das musst du mir verzeihen.
Wie eine Pflanze am falschen Ort
zog es mich manchmal fort.
Doch hatte ich nicht vor, dies allein zu tun,
leider ist es geschehen nun.

***

Was sonst noch geschah

Tod einer Patientin

16 Jahre wollte sie weg von ihm;
es ist ihr nicht gelungen.

Wegen der Kinder konnt sie nicht flieh'n,
jetzt hat die Krankheit sie bezwungen.

Sie wollte noch so lange leben,
den Menschen weitergeben,
was sie in schwersten Stunden
durch Gottes Kraft gefunden.

***

Freundschaft

Sie kämpft sich durch's Leben
ohne Mann und ohne Geld,
doch selten ohne Mut.
Kann vielen Beistand geben;
ihre Liebe tut soooo gut!

Jetzt mussten wir uns räumlich trennen,
hoffentlich nicht lang.
Wenn ich alles überdenke
wird mir ganz schön bang'!

***

Kranke Nachbarin

Ein Paar hat schon gern an den Ruhestand
gedacht;
das Schicksal hat `nen Strich durch die
Rechnung gemacht.
Die Kinder gemeinsam großgezogen,
alle Sorgen und Nöte geteilt;
jetzt hat die Krankheit sie ereilt.
Das Ende scheint nicht mehr weit,
es gibt kein Altern zu zweit!

***

Auch das noch

Sorgen hattest du stets zuhauf.
Als die Kinder aus dem Gröbsten heraus
erkrankte dein Sohn so schwer,
dass man glaubte, es wird nicht mehr.

Ihr wurdet gezwungen in die Knie,
doch verlort ihr die Hoffnung nie.

Wochenlang im Koma lag er;
keine Kommunikation gab es mehr.

Es war ein Bangen und Hoffen -
alles war offen.

Viele Op's standen an.
Er ertrug sie mit großer Geduld.
Doch Schritt für Schritt ging die Genesung
                                voran -
er gab niemandem die Schuld.

Seine Geschwister sind immer zur Hilfe bereit,
was dir manchmal gibt für dich etwas Zeit.

Er ist dankbar, freundlich und ergeben
und hadert nicht mit dem Leben,
deshalb macht er euch die Pflege leicht
und ihr habt ganz viel erreicht.

Sag, warum trifft es dich so oft?
Hattest du nicht gehofft,
wenn die Kinder aus dem Haus,
du könntest einmal atmen aus.
Es würde alles gut,
denn daraus schöpftest du deinen Mut!

Ich hoffe, du hast immer viel Kraft
und bald habt ihr es geschafft,
dass er wieder am Leben teilnehmen kann
als gesunder Mann.

***

Ärgerlich

Sie verschwendete Liebe und Geld an ihn;
anschließend ließ er sie zieh'n.

Auch konnt sie die Kinder nicht unterstützen,
wütend zu sein, wird Ihr nichts nützen.

Sie kommt zwar ganz gut über die Runden;
hat es doch nie ganz verwunden -

Er hat schnell eine Neue gefunden.

***

Neuanfang

Die erste Enttäuschung war arg,
doch es machte sie stark.
Spät fand sie ihr Glück,
kein Blick zurück!
Sie scheint verjüngt und gesünder,
die Laune verbessert nicht minder.
Abschied vom Single–Leben
kann viel Impulse geben!

***

Ewige Suche

Auch sie hat kein Glück mit dem anderen
                            Geschlecht,
oder ist ihr keiner recht?
Wenn sie meint, er ist es jetzt,
ist er irgendwie besetzt.
Sie soll Dinge ausbaden,
die andere versaubeutelt haben.

Wo ist der Mann mit Vergangenheit,
der es zulässt, ein Leben zu zweit?
Der zur Aussöhnung mit sich selbst bereit?
Oder auch für ein Leben zu dritt?
Den nähme sie gern auf ihrer Reise mit!

***

Trugbild

Eine andere verliebte sich in ihren
                            Psychologen,
sie suchte sein Abbild überall.
Da machte sein Doppelgänger sie an;
doch irgendwie war es verlogen,
er war ein verheirateter Mann.

***

Feigheit

Meine Freundin sagt,
ihr Mann hat sie ohne Erklärung verlassen.
Sie kann es bis heute nicht fassen.

Fühlte sie sich doch geliebt und umworben!
Er hat ihr den Spaß an den Männern
                    verdorben.

Auch plagen sie nun seelische Schmerzen,
sie nahm es sich so zu Herzen,
weil die Zukunftsplanung anders gedacht
und er einen Strich durch die Rechnung
                    gemacht.

***

Umstellung

Über 80 Jahre alt; Umzug ist angesagt.
Sie haben dich nicht mal gefragt.

Sie nennen es Umsetzen - nur ins
                              Nachbarhaus
doch es löste Ängste aus.

Schon im Vorfeld warst du nervös,
dabei verbesserst du dich pompös.

48 Jahre in der Wohnung,
doch gab es keine Schonung.

Morgen ist es soweit,
der Möbelwagen steht schon bereit.

Wirst dich bald gewöhnen
und dich mit der Lage versöhnen.

***

Katzenschicksal

Den alten Kater nahm ich mit,
nun verfolgt er mich auf Schritt und Tritt.
Da er aber blind und taub
ich ihm nicht mehr erlaub'
auf der Strasse spazieren zu geh'n.
Oh war das dort so schön!

Er trauert und denkt:
„Wohin hat das Schicksal mich gelenkt?
Mein Frauchen ist umgezogen,
auch meine Seele ist verbogen"!

Sitze in der neuen Wohnung in der Küche
und suche vertraute Gerüche.
Schimpfe und jammere ganz laut,
man hat mir die Rückkehr verbaut.

Will in mein altes Reich zurück,
wo so viele Jahr
mein Glück drin war!"

***

Schwerste Erkrankung

Schmerzen plagten sie ab und zu,
doch wichtig nahm sie das nicht;
erst als der Arzt hatte ein ernstes Gesicht.

Es folgte Operation und mehr,
die Nebenwirkungen wiegen schwer.

Dann hat sie die persönlichen Dinge geregelt,
den Nachlass verfügt -
zwischendurch durchaus vergnügt.

Es ist ihr jetzt erst klar,
wie schwer die Krankheit war.

Nun hoffen wir alle auf Heilung spontan,
dass wir sie auch fortan
wissen in unserer Mitte.

Ich habe eine Riesenbitte:
„Mach sie gesund, Herr, wenn du kannst
und schenke ihr
noch viele Jahre hier"!

***

Schock

Dein Leben war nie leicht,
hast trotzdem viel erreicht.
Als die Kinder hingen nicht mehr an deinem
                                        Rock
kam der Riesenschock!

Dein einziger Sohn macht dir Sorgen,
obwohl du dich glaubtest geborgen
in seinem Haus, das du ihm geschenkt;
hast dich immer für ihn verrenkt,
extra Ausbildungen spendiert
und er hat sich nicht geziert;
im Glauben, er könnt zu Höherem streben,
doch jetzt ruiniert er sein Leben.
Und deins gleich mit dazu;
darfst nicht mehr leben in Ruh.

Er fuhr Taxi jede Nacht;
du ahntest nicht, was er wirklich macht.
Um sich die Sucht zu finanzieren,
fuhr er mit Drogen spazieren.
Du hast es nicht geahnt,
dass er für sich selbst absahnt.
Sein Motto war: Nicht nur dealen,
auch selbst nach der Droge schielen.

Als er nur noch tagelang rumhing,
dir die Laune verging.
Treppauf – treppab in eurem Haus,
kein Mensch hält das aus.

Nacht für Nacht ein Kommen und Gehen,
der Grund ist nicht zu übersehen.

Auch bringt er ständig „Damen" mit,
die auf Schritt und Tritt
dir über den Weg laufen,
nur koksen und saufen,
schnell 'mal das Haus verlassen,
um für die Freier die Höschen runterzulassen.
Denn weißer Schnee ist teuer,
die Wirkung ungeheuer.

Jetzt bereust du, mit ihm zusammengezogen
                                    zu sein,
und aushalten zu müssen die ganze Pein.

Auch aggressiv ist er jetzt;
beinah` hätt er dich auch körperlich verletzt.
Überheblich predigt er dir,
er wär der Normale hier.
Die anderen sind spießig und blöd,
haben keine Ahnung wie's geht!

Nun wartest du auf ein glückliches Ende,
die ultimative Wende.
Entweder er geht auf Entzug,
oder er hat von selbst genug,
was manchmal passieren kann,
worauf man sich aber nicht verlassen kann.

Vielleicht tut's auch 'nen dumpfen Schlag
und eine Verhaftung steht in's Haus;
was keiner zu verhindern mag,
dann wäre das böse Spiel aus.

So gedulde dich ein wenig noch
und fall nicht auch noch in ein Loch.
Wenn's sein muss, zieh aus,
verlasse das verkommene Haus
und lebe dein Leben sorgenfrei –
vielleicht mit 'nem netten Mann dabei,
der dir den Frohsinn wieder schenkt
und alles in gute Bahnen lenkt.

***

Hypochonder ?

Seit Jahren läufst du mit halber Kraft,
fast hat man dich zum Hypochonder gemacht.

Haben die Behandler keine Ahnung?
Man nehme dies als Mahnung,
auf das Gefühl im Inneren zu hören,
wenn Kleinstlebewesen die Vitalität erheblich
`   stören.

Ob Pilze, Clostridien und Konsorten,
sie siedeln sich an, allerorten.

Zwar sind sie klein,
aber ziemlich gemein.

Winzlinge, die unser Leben stören,
obwohl sie nicht in den Körper gehören,
legen unsere Verdauung lahm.

Wir ergeben uns und sind ganz zahm,
bis sie die Oberhand gewinnen
und wir schon glauben, zu spinnen.

Die Therapeuten stempeln uns ab als
Psychopath,
dabei leben wir in ständigem Spagat,
bis uns endlich einer glaubt,
der uns eine eigene Meinung erlaubt.

Haben wir dann das richtige Labor gefunden,
ist es nur noch eine Sache von Stunden
bis der Erreger gefunden.

Anschließend mit dem Arzt gerungen,
Rezept erzwungen!

Denn die Gesundheit ist wichtiger
und das eigene Gefühl richtiger!

***

Blauäugigkeit

Vor zwei Jahren schon sagte ich dir:
„Du bist zu dünn und zu blass“,
als du kamst zu mir
und ich ahnte schon was.

Als ich sah, dass du isst wie ein Spatz,
sagte ich: „So, mein Schatz,
du lässt dich jetzt ordentlich untersuchen,
statt Seminare zu buchen,
die dich in dem Glauben lassen,
man bekäme alles zu fassen,
ohne ärztlichen Rat einzuholen.

Doch auf leisen Sohlen
machtest du dich fort
an deinen heimischen Ort.

Überzeugt, ich hätte mich getäuscht
und wir deine Krankheit verscheucht,
blieben die Schmerzen bei dir
und im nächsten Jahr kamst du wieder zu mir.

Ich erschrak, als ich dich sah – dein Befinden
war schlimmer;
warst zwar sehr schlank schon immer.

Quältest dich mit den Schmerzen.
Glaub mir, mein dringender Rat kam von
Herzen.

Du versprachst mir, zum Arzt zu gehen,
dann würde man weitersehen.

War es Angst? Du hieltest dein Versprechen
nicht,
erst im nächsten Frühjahr ging ich mit dir ins
Gericht.
Endlich warst du bereit,
doch die Krankheit war schon zu weit.

Du hofftest lang, deine Kraft würde reichen
und die Schmerzen würden weichen.

Nie hättest du gedacht, es könnte dich
so erwischen,
meintest, du könntest alles schaffen.
Fühltest dich auch besser, dazwischen,
konntest dich manchmal aufraffen.

Hast alles für möglich gehalten,
wolltest dein Leben neu gestalten.

Nun hast du dich in dein Schicksal ergeben,
dich zurückgezogen in deine ureigne Welt.

Siehst du uns aus deinem anderen Leben?
Ich hoffe, dass es dir dort gefällt.

***

Wut und Verzweiflung

Als ich dich traf, weintest du jeden Tag.
Hass und Wut hatten sich dir eingeprägt.
Die Hochphase der Scheidung war angesagt,
jedes Schriftstück hat dich sehr aufgeregt.

Zu Recht fühltest du dich verloren und
                              verlassen;
du konntest es nicht fassen.

Viele gemeinsame Jahre als Familie verbracht,
durch Lügen sind jetzt alle verkracht.

Das Schlimmste, was einem passieren kann,
verliert man im Kranksein den Mann.

Hast all die Jahre geschuftet und organisiert,
alles lief wie geschmiert.

War die Liebe auch groß,
ging sie doch in die Hos.

Angst hast du vor den einsamen Stunden,
aber das muss nicht sein,
hat dein Kind die Trennung erst überwunden,
bist du nie mehr allein.

Auch gibt es noch andere Männer,
nicht alle sind solche Penner.
Vielleicht, wenn's so sein soll, bestimmt,
kommt einer, der an die Hand dich nimmt.

Jetzt kannst du's noch nicht glauben,
aber lass dir den Mut nicht rauben,
denn davon hast du genug;
allerdings auch von Lügen und Betrug.

Ich wünsche dir alles Glück dieser Welt,
dass sich dein Himmel bald erhellt
und dir das Leben wieder gefällt!

***

Freiheitsliebe

Tagelang riefen und suchten wir,
wollten Schlimmes nicht glauben.
Warst ein Rumtreiber mit großem Revier;
wir ließen uns die Hoffnung nicht rauben.

Als wilder Kater geboren,
hattest du dir gute Menschen auserkoren,
die dich mitnahmen in ihr Haus;
auch fandest du manche Maus.

Kamst heim zum Kuscheln und Pennen,
um schnell wieder wegzurennen.

Wir fanden dich, von einem Auto überfahren,
nichts konnte dich davor bewahren.
Hast deine Freiheit so geliebt;
uns ließ't du zurück, sehr betrübt.

Dein Leben war viel zu kurz,
doch hoffentlich schön.
Dir ist's wahrscheinlich schnurz,
uns nie wieder zu sehn.

Bist jetzt im Katzenhimmel;
wir sind kuriert von dem Fimmel,
an unserer Straße deine Artgenossen zu halten,
um nach unseren Wünschen euer Leben zu
                              gestalten.

***

Pferdeleben

Im Schwarzwald war ich nicht mehr geduldet,
obwohl ich hatte nichts verschuldet.

Welch Glück, es gab ein Plätzchen
für mich Schätzchen.
Schnell wurde alles gecheckt
und der Vertrag war perfekt.

Jetzt geht es mir so gut
und ich fand neuen Mut.
Neue Freunde hab ich gefunden,
den Umzug rasch überwunden;
sogar ein bisschen verliebt
und gar nicht mehr betrübt.

Wir fressen und äppeln den ganzen Tag,
und halten alle ganz schön auf Trab.

Auch wenn ich Pfosten und Zäune umrenne,
beim Ausreiten manchmal penne,
hoffe ich, lang hier zu bleiben,
um mir die Zeit zu vertreiben.

***

Meine Mutter

Man könnte glauben,
du hättest ein Abo im Krankenhaus.
Im letzten Jahr ging's rein und raus.
Zuerst kam die Hüfte, die gut verheilte,
dann stürztest du im Bad.
Und als ich zu dir eilte,
kam im letzten Augenblick ich grad`.

Eine Lungenentzündung hatte dich
                    niedergestreckt;
ich war zutiefst erschreckt.

Sanitäter, Notarzt, das ganze Programm;
Hämatome, Schnittwunden und dann
auch noch eine Lungenembolie –
an so was gedacht hätt ich nie!

Kurzfristig wolltest du nicht mehr weiter,
doch schnell warst du wieder heiter
mit deinem ungeheuren Lebenswillen,
wenn auch jetzt mit verschiedenen Pillen.

Lebst du dein Leben wie immer;
ich habe keinen Schimmer,
woher du nimmst den Lebensmut,
aber nur so wurde alles gut.

Bitte, schone dich doch -
ich brauche dich noch!

***

Geburtstagswunsch

Mein lieber Sohn, du bist zwar krank,
aber nicht so schwer - Gott sei Dank,
dass dein Leben gefährdet wär,
war die Geburt auch schwer
und ich weiß nicht mehr,
ob mir damals schon klar,
wie dramatisch es war.

Saugglocke abgerutscht, mit der Zange geholt
                            wurdest du –
da war es vorbei mit der Ruh.

Ich frage mich, wolltest du nicht auf diese
                            Welt?
Dabei hatten wir dich doch bestellt!

Heute ist klar, du wurdest verletzt,
doch das ist kein Grund zuletzt,
sich selbst zu vernichten
und uns zu berichten:
Ohne Drogen ginge es nicht mehr -
uns machst du das Leben schwer.

Ich sehe zu, weil ich muss;
es bereitet mir großen Verdruss.

Warst ein nicht einfaches Kind,
immer schnell fort mit dem Wind,
um dich draußen zu bewegen
bei Sonne und Regen.

Dein Hang, dir selber zu schaden war immer
                                        präsent
und wer dich kennt,
weiß, du hast sogar das falsche Studium
                                      gewählt,
dich lang mit dem Beruf gequält.

Dein Vater hat nie an dich geglaubt
und dir dadurch ein Stück Selbstvertrauen
                                      geraubt.

Wurdest ein Super–Anwalt trotzdem.
Jetzt ist es dir nicht mehr bequem,
allen dein Talent zu beweisen;
aber auf alles zu sch.....!

Ist das dein ureigner Weg,
den ich nicht nachvollziehen kann?
Dachte, du bist ein besonderer Mann

Verstehe, dass es schwer war, die Arbeit zu
                                    verrichten,
die stressig war, mitnichten.
Irgendwann ging's nicht mehr so,
du warst immer krank, nie mehr froh!
Du fingst an, lauter zu klagen
und um dich zu schlagen.

Die Lösung schien gefunden.
Mit der Droge kamst du über die Runden
in den schlimmsten Stunden.

Keine Lösung, alle wissen das,
nur dir macht das Spaß.
Wir müssen zuseh'n, können nichts tun;
auch lässt du uns kaum noch ruh'n.

Dein Vermögen ist dahin,
auch, Auto, Führerschein und Frau!
Wenn ich dran denke,
wird mir ganz flau.

Aber vielleicht musste es kommen so weit,
damit du dich, von allem befreit,
besinnen kannst auf dein Leben –
mit der Krankheit eben.

Lang wusste ich das Ausmaß nicht,
ging erst spät mit dir ins Gericht.
Du sagst, für dich ist alles richtig,
doch nun ist wichtig,
dich von der Sucht zu befreih'n,
um wieder der Alte zu sein.

Von ganzem Herzen wünsche ich dir,
dein Schutzengel sei immer bei dir.
Er passe besser auf dich auf –
oder ist er auch schon drauf?

Ich glaube, natürlich nicht;
er wird dir mit seinem Licht
den Weg zu Glück und Gesundheit zeigen,
sich bald vor dir verneigen.

***

Hoffnung

Seit acht Monaten bist du clean,
ich hoffe, du schaffst es auch weiterhin!

***

Und heute

Ausgelotet

Mein Leben ist wunderbar;
es ist alles im Lot.
Eins ist sonnenklar:
Hab mich gut erholt.
Schneller als gedacht,
auch manchen Fehler gemacht.
Es wäre ja auch gelacht.

***

Zwei Generationen

Im Haus meiner Kinder blieb ich 3 Jahre.
Es war nicht schlecht, Gott bewahre!
Ich wollt ihnen die Privatsphäre nicht rauben
und sie sollten nicht glauben,
die Mutter ist immer dabei;
und ihre Ehe gehe entzwei.

***

Kutscherhäuschen

Mein Traumhäuschen blieb bewohnt,
die Besuche haben sich nicht gelohnt.

Doch anderswo gab's eine Möglichkeit.
Eine Annonce machte sich breit.
Sie stach mir ins Auge direkt,
die Remise, durch hohe Bäume versteckt,
stand leer derzeit
und ich längst zum Leben bereit.

In einem Park, verwunschen und schön.
Ich musste sie nur einmal seh'n.

Wo früher parkten die Kutschen
Konnt für mich nichts verrutschen.

Wo zwei Pferde standen einst im Stroh,
das tat es mir an, sowieso.

Und auch zum Arbeiten genug Platz.
Ein richtiger Schatz!

Ein Pferdekopf über der Tür;
ich konnte nichts dafür,
dass alles so perfekt.

Vielleicht wurde es von oben gecheckt?

***

Gutes Ende

Das Schicksal hat es gut gemeint,
bin wieder mit mir selbst vereint.

***

Zum Trotz

Zahlen wollte er nicht.
Anders sah es das Gericht.

Ich wurde von anderen unterstützt
und viel hat es ihm nicht genützt.

Es hat mich nur stark gemacht,
hat er sich auch ins Fäustchen gelacht,
hab' ich mir's doch schön gemacht.

***

Altersschwach

Der Kater lebt nicht mehr,
ist einfach umgefallen.
Er war ja auch schon alt -
so ist es manchmal halt.

***

Endlich

Endlich geschieden,
Gespräche vermieden,
auch Blicke der Kommunikation;
aber was macht das schon.

Wenn zwei Menschen sich trennen,
kopflos auseinander rennen,
es besser ist, man macht einen Strich,
denn sonst ärgert man sich
über Anwaltsschreiben und mehr;
man fällt übereinander her.

Wenn man dies vermeidet
und sich wirklich scheidet
kommt man schneller zur Ruhe
und spart sich das Getue.

Sind natürlich Kinder im Spiel,
nützt das nicht viel!

***

Entspannung

Sitze im Garten in der Sonne
mit dem Gefühl der Wonne.

Vier Jahre sind ins Land gezogen.
Hab` meine Seele geradegebogen.

War auch manches nicht fein,
kann ich jetzt ganz bei mir sein.

***

Ein guter Freund

Mein Freund hat mich gut beraten
mit Ratschlägen und Taten.

Hat geduldig zugehört,
wenn ich mich bitter beschwert.
Über das Leben, das ungerechte,
und wenn man es recht bedächte,
sei alles zum Schelten und Hadern,
ist man abgeschnitten von des Lebens Adern.

Wenn ich Schuldzuweisungen gemacht,
hat er mich ausgelacht:
„So kann man Probleme behalten
sich kein besseres Leben gestalten“.

Wie recht er doch hat, heut` seh ich es ein,
damals fand ich's gemein.
Bin ihm sehr dankbar für alles und froh
Wenn's auch nicht immer war so.

***

Seele

Leerzeit im Leben kann man gut nutzen,
um die Seele zu putzen.

Doch was ist Seele?
Geist, Psyche, Selbst oder was?
Unsichtbar, oft nicht fühlbar, ewige Energie?

Begreifen wird man`s nie.

***